LE
SIÉGE DE METZ
EN 1870

PAR

M. L. VIANSSON

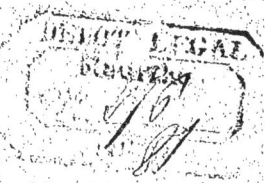

DISCOURS DE RÉCEPTION A L'ACADÉMIE DE STANISLAS

(Séance publique du 12 mai 1880)

NANCY
IMPRIMERIE BERGER-LEVRAULT ET Cie
11, RUE JEAN LAMOUR, 11
—
1881

LE
SIÉGE DE METZ
EN 1870

NANCY, IMPRIMERIE BERGER-LEVRAULT ET Cie.

LE

SIÉGE DE METZ

EN 1870

PAR

M. L. VIANSSON

DISCOURS DE RÉCEPTION A L'ACADÉMIE DE STANISLAS

(Séance publique du 12 mai 1880)

NANCY

IMPRIMERIE BERGER-LEVRAULT ET Cie

11, RUE JEAN LAMOUR, 11

1881

LE
SIÉGE DE METZ
EN 1870

Par M. VIANSSON

DISCOURS DE RÉCEPTION

Messieurs,

Bien que plusieurs années se soient écoulées depuis que vous m'avez fait l'honneur de m'admettre dans vos rangs, permettez-moi de vous dire quels ont été mes sentiments, tout à la fois d'étonnement et de reconnaissance, en recevant ce témoignage de votre bienveillance.

Les titres que je pouvais invoquer ne semblaient pas de nature à m'ouvrir les portes de votre savante Compagnie.

Cultivateur, mes efforts n'avaient pu se faire apercevoir hors du cercle restreint où ils s'étaient donné carrière.

Messin, j'avais pu, à une autre époque, m'imaginer que cette origine ne constituait pas précisément un titre de recommandation aux yeux d'une assemblée lorraine.

Mais, Messieurs, l'honneur que vous m'avez fait, passant par-dessus ma tête, a eu pour but de donner une marque de sympathie à notre vieille cité, ainsi qu'à l'Académie de Metz ; et, de cela, je vous suis profondément reconnaissant.

Quels que soient les motifs de rivalité qui, dans le passé, aient pu exister entre ces deux villes, si bien faites pour se compléter l'une par l'autre, et pour unir leurs efforts au profit de la patrie commune, Metz n'oubliera jamais qu'au jour de deuil et de tristesse, où ses enfants ont dû prendre le chemin de l'exil, il s'est trouvé à Nancy des cœurs généreux pour les accueillir. Elle n'oubliera pas que nulle part cet accueil n'a été plus cordial qu'au sein de cette Académie et dans les nombreuses sociétés agricoles, littéraires et scientifiques qui honorent votre cité.

En acceptant la mission de représenter à l'Académie les choses de la campagne, en recueillant l'héritage de notre excellent et regretté confrère Henri Maguin, en prenant possession de ce siége occupé successivement par l'illustre Mathieu de Dombasle, par Braconnot, par MM. Soyer-Willemet, Monnier, de Guaïta, j'ai dû, Messieurs, chercher à remplir les charges qui m'étaient imposées.

L'obligation de prononcer un discours avant de prendre séance, était certainement l'une de celles qui devaient m'effrayer davantage. Je ne pouvais oublier que, pendant les quinze plus belles années de la vie, j'avais plus souvent exercé mon intelligence à diriger un train de culture qu'à appliquer les préceptes de la rhétorique et que ma main était plus apte à conduire une charrue qu'à tenir une plume ; je ne pouvais surtout songer, sans crainte, que des hommes dont la science dans les questions agricoles fait autorité, avaient des droits bien autrement sérieux que les miens à prendre la parole dans cette enceinte.

Quoi qu'il en soit, enhardi par vos encouragements, je me suis mis à l'œuvre.

J'aurais dû vous entretenir de questions agricoles, chercher dans l'histoire de Lorraine quelque sujet dont l'intérêt fût capable de suppléer à l'insuffisance du narrateur.

Mais, lorsque des Messins sont réunis, il n'est pour eux qu'un sujet de conversation. Bien des événements se sont accomplis depuis, bien des années se sont passées ; n'importe, ils reviennent toujours à cette époque fatale qui ne peut s'effacer de leur mémoire.

J'ai pensé, Messieurs, que le meilleur moyen de vous prouver ma reconnaissance était de vous traiter comme compatriotes, comme amis de notre chère ville de Metz et de venir vous rapporter quelques épisodes de la lutte dans laquelle nous avons vu sombrer la prospérité et le bonheur de notre vieille cité.

Le 19 juillet 1870, la guerre fut déclarée.

Depuis le commencement de juin, les réserves de l'armée allemande étaient sous les armes, tous les approvisionnements en vivres et en munitions étaient massés près des frontières.

A Metz, nos arsenaux étaient insuffisamment garnis ; nos magasins, à peu près vides ; ce n'est que le jour même de la déclaration de la guerre, que l'on convoquait les réserves. Le 1er août, on appelait sous les armes la garde mobile dont les cadres mêmes n'étaient pas constitués ([1]).

Le 2 août, on entrait en campagne.

On décida qu'à la première rencontre, le jeune prince impérial devait recevoir devant les troupes le baptême du feu. A l'arrivée du train, le général Frossard engagea le combat et attaqua les Prussiens qui occupaient Sarrebrück.

A la suite d'un grand nombre de coups de canon et d'une brillante parade, on se replia sans occuper la ville.

Les quatre premières journées se passèrent en ordres et contre-ordres ([2]).

Le 6, une division surprise à Stiring était fusillée à bout portant, et le sanglant combat de Spicheren s'engageait.

L'armée se replia vers Metz ; non-seulement on laissa intacte la voie du chemin de fer, mais encore on négligea de s'occuper des munitions et des vivres dont étaient encombrées les gares entre Metz et

Forbach. Au prix de mille peines et de mille dangers, le personnel du chemin de fer de la Compagnie de l'Est fit, de son initiative privée, refluer vers Metz tous ces approvisionnements et le dernier convoi sortait de la gare de Forbach au moment où les uhlans y entraient (³).

Jusqu'à ce mouvement de recul qui montra que des forces considérables étaient devant nous, on n'avait pas la moindre connaissance de l'état, ni de la situation de l'armée ennemie.

Le service d'informations faisait complétement défaut. Aux Allemands qui, depuis plusieurs années, parcouraient le pays, étudiant les chemins, s'instruisant des ressources de chaque village, du fort et du faible de chaque position, nous n'avions à opposer que des individus pour la plupart ignorant complétement la topographie de la région, et ne voulant pas écouter les renseignements qu'on pouvait leur donner. Les maires de plusieurs communes se virent traiter de peureux et de lâches, alors qu'ils annonçaient l'arrivée de fortes colonnes ennemies, quand il avait été décidé, le matin, au rapport, qu'il ne devait y avoir de ce côté que quelques cavaliers (⁴).

Le 13 au soir, l'armée réunie sous les ordres du maréchal Bazaine, campait sous les murs de Metz ; le lendemain, à cinq heures du matin, on reçut l'ordre de prendre la route de Paris. Le mouvement, entravé par une confusion et un désordre dont on ne peut se faire une idée, était à peine commencé à trois heures de l'après-midi, lorsque des masses profondes se présentèrent en face du 3ᵉ corps. Vers quatre heures (⁵), la bataille s'engagea, elle ne se termina qu'à la nuit. La retraite de l'ennemi fut éclairée par les incendies allumés dans les villages par les projectiles.

Les pertes des troupes allemandes étaient énormes, mais peu importait, le résultat était obtenu ; pendant que le général Steinmetz retenait l'armée française, le 2ᵉ corps allemand se préparait à couper la ligne de retraite (⁶).

L'ordre fut envoyé à onze heures du soir de repasser la Moselle. Le mouvement s'effectua lentement dans le plus grand désordre ; certains régiments mirent quinze heures pour faire quatre ou cinq kilomètres.

Le 15 août, de grand matin, l'ennemi amena une batterie en avant des ouvrages de la redoute inachevée de Saint-Privat et lança 101 obus sur la maison où l'empereur venait de passer la nuit. Le grand quartier général quitta précipitamment le village de Longeville (⁷).

L'empereur et son fils, guidés par quelques vignerons, gagnèrent Gravelotte en passant à travers champs, et, se dissimulant dans les vignes, ils abandonnèrent l'armée de Metz.

Le 16 août, vers dix heures du matin, une division de cavalerie placée en avant du 2ᵉ corps fut surprise à Vionville par une grêle de projectiles.

Les divisions Bataille et Tixier se portèrent d'elles-mêmes résolûment en avant ; le général Ladmirault, déjà en marche sur la route de Verdun, fit face au champ de bataille et, sans recevoir un seul ordre du commandant en chef, marcha droit au canon. L'artillerie, admirablement dirigée, maintint l'ennemi pendant plusieurs heures ([8]). Il est impossible de reproduire ici les détails de cette lutte gigantesque où une armée livrée à l'inspiration de ses divisionnaires ou même des chefs de chaque régiment dut à l'élan et au courage de ses officiers et de ses soldats de l'emporter sur des troupes guidées avec la science militaire la plus complète, l'unité de vues, la sûreté de jugement dont a fait si souvent preuve le grand état-major allemand.

A la nuit, l'armée allemande était repoussée sur toute la ligne, le mouvement tournant déjoué par le retour offensif du 4ᵉ corps, le champ de bataille était à nous, l'ennemi, harassé par des marches forcées, pouvait être pris à revers et rejeté dans la vallée de la Moselle, mais on ne fit rien, on ne prit aucune disposition, et le lendemain on devait se replier en arrière, sans tirer aucun fruit de cette victoire ([9]).

Le maréchal Bazaine transporta son quartier général dans l'intérieur de la forteresse. Dès lors, il estima que son rôle militaire était terminé, et crut que ses talents en diplomatie allaient le rendre maître de la situation ([10]).

Le 18, un peu avant midi, une grêle d'obus tomba sur les campements d'Amanvillers. Là encore, une division, surprise par l'ennemi dut abandonner ses tentes, cantines et provisions.

L'ennemi prenant de loin le camp abandonné pour des troupes alignées, lança pendant plus de deux heures sur les tentes, tous les projectiles d'une formidable artillerie.

Vers trois heures, une panique insensée se manifesta. Voyant un régiment venir se reformer après avoir essuyé le feu de l'ennemi, on crut à une déroute. Des voitures lancées à toute vitesse ne s'arrêtèrent que dans les rues de Metz, les chariots brisés, les chevaux écrasés n'arrêtaient pas leur course.

Plusieurs régiments faiblirent. L'artillerie de réserve du 6ᵉ corps, sur l'initiative de son chef, le colonel de Montluisant, prit immédiatement position. Trente-deux bouches à feu, étagées sur un petit mamelon, dissimulèrent ce mouvement à l'ennemi et agirent avec tant d'efficacité qu'elles jetèrent la terreur dans les rangs opposés, et qu'une panique se produisit dans les deux armées en face l'une de l'autre.

Les munitions épuisées, on dut cesser le feu et se replier, sans avoir reçu un ordre, sans qu'il eût été répondu aux demandes incessantes de projectiles adressées au grand quartier général.

Sans le mouvement forcé de retraite du 6ᵉ corps, qui laissait devant lui une trouée considérable, le 4ᵉ corps, bien conduit, soutenait l'effort du mouvement tournant des Allemands, et on eût pu peut-être, avec l'aide de la garde, terminer heureusement la journée.

Pour obtenir ce résultat, il eût fallu renforcer les points faibles, surveiller l'approvisionnement des batteries, commencer la bataille dès le matin, mais, le 18 août, le maréchal commandant en chef ne parut pas sur le champ de bataille. Vers quatre heures de l'après-midi, harcelé par les officiers envoyés de tous les corps d'armée pour lui signaler la gravité de la situation, cédant aux instances de son entourage, il se décida à monter à cheval, se rendit au fort Saint-Quentin, fit quelques pas sur le plateau, d'où l'on ne voyait aucune partie du champ de bataille, et quelques instants après, redescendait tranquillement au quartier général ([11]).

Tandis que l'armée allemande engageait toutes ses réserves, de notre côté, la garde, l'artillerie et la cavalerie de réserve étaient restées dans l'inaction, conservant leurs munitions qui eussent été si précieuses sur le champ de bataille.

Au grand quartier général, pendant toute la soirée, les nouvelles se succédaient de plus en plus alarmantes. On y considérait la situation comme perdue, on y voyait déjà l'armée allemande entrer dans la forteresse sur les talons de nos hommes en fuite ; on engageait les habitants à prendre leurs dispositions pour mettre leurs familles et leurs biens les plus précieux à l'abri des ennemis qui allaient envahir leurs demeures.

A la nuit, la canonnade cessa ; le 6ᵉ corps était en déroute, mais le 4ᵉ corps tout entier et une partie du 3ᵉ corps campaient sur le champ de bataille. Le général en chef ne prit aucune des mesures nécessaires pour le salut de l'armée. On se retira, abandonnant les positions importantes qui dominent Ars, la vallée de Montvaux, les hauteurs de Saulny et le Morimont qui commande la vallée de la Moselle et la route de Thionville.

Pour comble de désordre, on fit brûler d'énormes approvisionnements qu'on craignait de voir tomber aux mains de l'ennemi, on laissa piller à des soldats débandés des voitures chargées de vivres, de sucre et de café, donnant ainsi une prime à l'indiscipline et à la lâcheté ([12]). Il eût cependant suffi de fort peu de temps et de quelque peine pour ramener tous ces convois à l'abri du feu des forts.

Le 19 août, le maréchal Bazaine transporta au Ban-Saint-Martin, son quartier général, il devait y rester jusqu'au jour de la capitulation.

Autour de Metz, dans les zones de fortification, le génie procède avec méthode à son œuvre de dévastation. Armé d'un règlement qui date de 1815, on saccage tout ce qui se trouve sous le canon de la place, mais à l'intérieur de l'enceinte des forts. On détruit des maisons, on nivelle les jardins, les fossés, on abat les arbres ; on anéantit ainsi, sans nécessité aucune, une valeur de plusieurs millions.

Pendant les premières journées du blocus, on voit les Allemands venir jusque sous le feu des forts vider les granges des villages et des fermes. Ils amènent des voitures, chargent les fourrages et les denrées, emmènent les troupeaux et emportent dans leurs camps tout ce qu'ils peuvent piller. Nos avant-postes, retenus par des ordres sévères, les voient, avec rage, s'approcher jusqu'à portée de fusil, sans être inquiétés. Au lieu de chercher à s'emparer de ces vivres, de ces fourrages, on se retire encore, l'œuvre de concentration se continue.

Ladonchamp, Woippy, Lorry, Vigneules, Lessy, Châtel, Moulins sont abandonnés comme se trouvant en dehors de la ligne mathématiquement droite, tirée d'un fort à l'autre. L'ennemi s'établit fortement à Sainte-Barbe et Ars, et complète l'investissement de la forteresse en jetant deux ponts sur la Moselle, à Malroy ([13]).

Le 26, à six heures du matin, par une pluie battante, toutes les troupes se mettent en marche vers le plateau qui se trouve en avant du fort Saint-Julien. Arrivés là, le maréchal décide que le temps est trop mauvais pour marcher en avant, le général Coffinières soutient que la place n'est pas en état de défense, le général Soleille affirme que l'on n'a de munitions d'artillerie que pour deux ou trois jours (¹⁴). Bref, chacun retourne à son cantonnement, où les plus éloignés n'arrivent que fort avant dans la nuit, jurant, pestant et maugréant contre les gens qui ne savent pas ce qu'ils veulent.

De retour dans les camps, il semble que l'on prenne à tâche d'épuiser le plus vite possible toutes nos ressources. Le gaspillage est énorme. Des voitures chargées de pains de qualité supérieure circulent dans les environs de la ville, et les soldats jettent leur pain de munition pour se procurer ce pain qu'ils trouvent meilleur. Des militaires de tous grades affluent à Metz, envahissent les marchés et les restaurants.

Malgré son parti pris de ne pas s'occuper de ces questions, deux fois, sur les instances des généraux Bourbaki, Canrobert et Ladmirault, le général en chef dut donner des ordres pour réprimer le gaspillage.

Le 31 août, à deux heures du matin, les troupes reçoivent de nouveau l'ordre de se mettre en route.

Chaque régiment défile, l'artillerie se dégage péniblement des positions inabordables où on l'a campée; les convois de vivres et de munitions, les voitures des ambulances, des postes, du télégraphe, du trésor, les troupeaux encombrent tous les chemins. Vers midi, les troupes sont réunies en avant des forts.

Les batteries prussiennes retentissent, nos troupes sont peu ébranlées par le feu de l'ennemi. A trois heures seulement, l'action s'engage sérieusement.

L'ennemi reporte plusieurs fois en arrière la ligne de ses feux, et est délogé des fortes positions qu'il occupe. Vers six heures du soir, deux régiments, habilement conduits, s'élancent, parcourent un long espace de terrain sans tirer un coup de fusil, et fondent sur Noiseville où ils mettent en déroute l'artillerie allemande, tuent un grand nombre d'ennemis, font le siége de chaque maison, et s'emparent de la redoute qui défendait le village. Vingt-quatre pièces de canon sont en notre pouvoir ; mais la retraite sonne, on se replie, laissant retomber aux mains de l'ennemi ces glorieux trophées qu'il eût été si facile de conserver.

A la nuit, les chefs de corps se réunissent et recommencent la scène jouée le 26. Les généraux Coffinières et Soleille préparent le terrain, et le maréchal Bazaine rallie à son avis la majorité du conseil : il faut se renfermer dans Metz, et attendre du dehors un secours qui permettra à l'armée de se dégager. Toutefois, le maréchal avait commis une insigne maladresse, il avait fait rester au Ban-Saint-Martin ses bagages personnels et son convoi, de sorte que, malgré ces simulacres faits pour donner le change à l'opinion publique, il est facile d'établir que son intention n'a jamais été de rompre le blocus et de sortir de Metz.

VIANSSON. 2

Après une discussion qui fut, dit-on, très-animée et peu claire, on se sépara fort tard.

Aucun ordre ne fut donné. Les généraux ne furent avisés, ni de la position qu'occupaient les divisions voisines, ni de la situation de l'ennemi, ni des intentions du commandement.

Dès le matin, l'action s'engage, ce n'est plus qu'un combat d'artillerie dans lequel dominent les grosses pièces des forts. Nulle part, on ne signale la présence du commandant en chef, aucun ordre n'est donné, personne ne sait ce qu'il doit faire. Au moment où l'on croit au commencement d'une action générale, le feu cesse, on bat en retraite, et à midi, toutes les troupes, ramenées en dedans de la ligne des forts, regagnent leurs campements ([15]).

A la suite de ces engagements, le découragement le plus complet commence à régner dans les camps. Pourquoi le 14, le 16 n'a-t-on pas profité des avantages que l'on avait obtenus ? Pourquoi ces simulacres d'attaque du 26 et du 31 ? Que signifie l'attitude du général en chef, aussi invisible sur le champ de bataille que dans les camps ou dans les hôpitaux.

Un nouvel élément de démoralisation se joint à l'inaction et au désœuvrement qui pèse tant à nos soldats. Du quartier général part un rapport quotidien, où l'on fait un tableau formidable des obstacles que l'on suppose exister devant nous.

On centralise des renseignements de sources plus

ou moins avérées, on les groupe, on les amplifie. Cela fait, on les fait lire et commenter chaque jour au rapport. Si quelques officiers ou quelque habitant du pays vont, au risque de leur vie, reconnaître ces travaux d'attaque, ces formidables redoutes, ces innombrables batteries, nulle part, hors sur quatre ou cinq points, le récit officiel ne se trouve exact. On a soin d'empêcher la vérité de se faire jour, et on donne les ordres les plus sévères pour que personne ne puisse franchir les lignes des avant-postes.

A Metz, toutes les préoccupations de la ville sont pour les ambulances. Partout, dans chaque maison transformée en hôpital, les malades et les blessés reçoivent les soins les plus empressés. Chacun rivalise d'intelligent dévouement pour suppléer à l'insuffisance des ressources de l'administration. Parmi les femmes, il y a un élan de charité qui produit des miracles.

Dans ces ambulances où meurent 7,203 soldats, où sont soignés près de 40,000 blessés ou malades, pas un n'a été abandonné, tous ont été entourés de soins affectueux.

Le 7 septembre, 600 prisonniers allemands sont échangés contre un nombre égal de nos soldats. Ces derniers, pour la plupart, viennent de Sedan, ils jettent dans la ville l'annonce de ce désastre. Quelques personnes se refusent à croire leurs allégations, soutiennent que ces soldats exagèrent. On échafaude les invraisemblances les plus extraordinaires pour détruire ces récits malheureusement trop exacts. Le quartier général, qui se tenait d'abord sur une réserve sévèrement commentée, finit par publier la vérité. La consternation est universelle. Cette armée que l'on attendait avec tant d'impatience, écrasée, qui peut venir nous délivrer? Où en est la France, peut-elle encore lutter?

Les rédacteurs des journaux de Metz reçoivent injonction de s'abstenir de toute appréciation sur les événements. La censure se montre, du reste, excessivement sévère et puérile.

Le journal de la Préfecture est supprimé pour avoir énuméré d'une façon très-approximative les forces des belligérants ; un autre journal pour avoir imprimé les mots : Liberté, égalité, fraternité.

La question des subsistances dont se préoccupe vivement l'administration civile ne semble pas inquiéter le quartier général. Le 28 août, le conseil municipal de Metz pria le général Coffinières de prendre des mesures pour arrêter le gaspillage. Ce n'est que le 15 septembre que l'on juge à propos de répondre. Sur de nouvelles et vives instances du conseil, le général autorisa la ville à mettre en réquisition les blés et farines qui pouvaient se trouver chez les particuliers. Le 20 septembre, par ordre du général en chef, la ration de pain fut réduite à 400 grammes, chaque homme recevant 500 grammes de viande de cheval.

Le 22 et le 23 septembre, de petits engagements

partiels permettent de ramener une assez grande quantité de fourrage et quelques bestiaux. Dans les camps, tous se montrent jaloux du 3ᵉ corps qui vient de marcher deux jours de suite. L'inaction pèse horriblement à l'officier comme au soldat.

Depuis quelques jours, la garde, agitée par les tristes nouvelles de Sedan, se groupait autour du général Bourbaki et lui demandait de ne pas laisser compromettre l'honneur du drapeau. Le général s'était expliqué assez ouvertement pour que cette situation inquiétât le commandant en chef, pour que l'ennemi même en eût connaissance. Le maréchal craignant de voir ses calculs politiques entravés et compromis par l'honnêteté et la bravoure du commandant de la garde résolut de s'en débarrasser. Le 24 septembre, à 4 heures du soir, il est appelé au grand quartier général ; là, sans lui donner le temps de se reconnaître, le maréchal l'aide lui-même à revêtir des habits bourgeois, et lui donne l'ordre de se rendre en Angleterre.

Aussitôt arrivé dans le camp ennemi, le général perdit toute illusion, il voulut revenir en arrière, mais il ne put obtenir de rentrer dans la place, et le grand état-major allemand put alors calculer avec plus de précision le moment où le maréchal Bazaine, à bout de ressources, devait livrer la ville.

Le 27 septembre, cédant aux instances réitérées des chefs de corps, le commandant en chef autorisa quelques engagements partiels. Sur tous les points nos troupes sont victorieuses, font un grand nombre de prisonniers, et ramènent des vivres et des fourrages. Dans la soirée, les Prussiens reviennent dans tous les villages d'où ils ont été délogés, et après avoir enduit les murs de pétrole, ils y mettent le feu. A la nuit, on voyait cinq villages, plusieurs fermes et des meules de fourrage, dont les lueurs sinistres illuminaient l'horizon ([16]).

Depuis plusieurs jours, la viande de bœuf est complétement épuisée.

On donne aux hommes 750 grammes de viande de cheval par jour. Ces chevaux, mal abattus, mal saignés, fournissent une viande noire et dégoûtante. Autant la chair du cheval vendue par les bouchers de la ville est de bonne qualité, autant celle que l'administration livre est malsaine et dégoûtante. La ration de pain n'est que de 300 grammes. Ce pain est rempli de paille, de balle d'avoine, de détritus de toutes sortes. Il semble que l'on prenne plaisir à nous traiter mal, à nous faire souffrir pour nous faire accepter une solution quelconque.

Un nouvel engagement eut lieu le 7 octobre, au nord de la place. Le 6ᵉ corps traverse une plaine assez étendue, sous le feu des batteries ennemies, et s'empare de deux fermes où l'on ne trouve plus aucun approvisionnement.

On poussa jusqu'aux premières maisons de Maizières, en refoulant partout l'ennemi. A droite, la garde emporte l'importante redoute d'Amelange; à gauche, le 4ᵉ corps s'empare des batteries de Sémécourt. On se met en mesure d'emmener les pièces de canon, de pénétrer dans le village de Maizières, où se trouvent les magasins de l'ennemi, lorsque, par ordre du commandant en chef, la retraite sonne; toute la ligne se retire dans l'ordre le plus parfait, et les canons qui ont été un moment au pouvoir de nos soldats, viennent, une demi-heure après, les couvrir de projectiles jusque dans leurs retranchements.

Les pertes de la journée étaient peu considérables, aussi le lendemain, un journal parlant de cette action signale-t-il le petit nombre de blessés. Immédiatement, un communiqué du quartier général relève vivement cette assertion et fournit un formidable état de pertes, dans lequel les contusions légères, les égratignures, des blessures imaginaires même, forment la part la plus importante. En même temps, on envoie dans chaque division un plan sur lequel les ouvrages ennemis présentent autour de la forteresse une ceinture qu'il est impossible de franchir ([17]).

Le 13 octobre, le général Coffinières écrit au conseil municipal que les approvisionnements tirent à leur fin et qu'il ne reste plus que pour quelques jours de vivres. Le conseil municipal se réunit. Vers dix heures du soir, un millier d'individus s'assemblent sur la place d'Armes; soudain le péristyle de l'hôtel de ville s'illumine, le maire paraît en haut du grand escalier entouré de tout le conseil municipal, des membres de l'administration et d'un grand nombre de notables de Metz. Là, d'une voix émue mais ferme, ce digne vieillard, qui devait payer de sa vie les tortures et les angoisses du siége, lut une délibération du conseil municipal dans laquelle on déclarait que les habitants de Metz « ne voulaient sous aucune forme assumer la responsabilité d'une situation qu'il ne leur avait été donné ni de connaître, ni de prévenir », que l'armée « pouvait compter sur l'ardent concours d'une population incapable de faiblesse quoi qu'il arrive » et qu'ils étaient prêts à garder « jusqu'aux dernières extrémités, à la France, sa principale forteresse, aux Messins, une nationalité à laquelle ils tiennent comme à leur bien le plus cher ».

A cette communication, le général Coffinières, oublieux des devoirs de gouverneur de la ville, ne sut répondre qu'en invoquant la fatalité de la situation.

Toute la journée du 14 octobre, de grands rassemblements ont lieu sur la place d'Armes. Un détachement envoyé pour dissiper les groupes refuse de marcher. On entoure les officiers, une foule affolée les prie, les supplie de sauver la ville. A la nuit, l'agitation ne fait que redoubler, le général Coffinières paraît, on l'entoure, on exige de lui la promesse qu'il ne permettra pas de rendre la ville. Il balbutie longtemps, prononce de longues phrases inintelligibles, puis, forcé de s'expliquer, répète à haute voix cette phrase que lui dicte un colonel d'infanterie, témoin de cette scène : « Le premier qui parlera de rendre la ville, sera fusillé. » Sur cette assurance entendue par plusieurs centaines de personnes, le rassemblement se disperse.

Sur les instances du maire de Metz, on autorise les municipalités à faire des perquisitions pour rechercher les blés et farines qui pouvaient encore se trouver chez les particuliers. Des réserves assez considérables furent signalées à l'autorité militaire ; ces réserves, mises en lieu sûr par les soins de l'administration municipale, existaient encore au commencement de novembre. Après le gaspillage le plus insensé, on prend tardivement des mesures inutiles et vexatoires. Les souffrances augmentent chaque jour. La ration de pain n'est plus que de 300 grammes pour les hommes, de 100 grammes pour les enfants. Les ouvriers, les habitants des villages de la banlieue souffrent de la faim, tandis que sur certains points, les denrées sont encore abondantes. Il en est de même dans l'armée ; alors qu'au 3e corps chaque soldat reçoit régulièrement sa ration complète, ailleurs on voit la ration de pain réduite à 50 grammes. Dans les dernières journées même on ne fait plus aucune distribution et des officiers viennent, les larmes aux yeux, mendier le pain des soldats de leur compagnie.

Cependant le 12, le 14, le 18, on distribuait du blé aux chevaux. Le 24, alors que les hommes de la 3ᵉ division du 4ᵉ corps ne recevaient plus de pain, on donnait 5 kilogrammes de fort beau blé pour chaque cheval de l'état-major de cette division.

Le 24 octobre, le général Changarnier tenta une démarche près du prince Frédéric-Charles. Le prince déclara lier inséparablement le sort de la ville et celui de l'armée.

On dut envoyer un officier muni des pleins pouvoirs du commandant en chef.

Le langage du prince Frédéric-Charles fut fort dur. L'armée, prisonnière de guerre, doit rendre ses armes : « Nous voulons, ajouta-t-il, avoir tous vos canons, vos fusils, vos drapeaux. Si nous n'avons pas tout cela en bon état, nous enverrons vos officiers dans les forteresses, vos soldats dans les mines, ou bien nous ne traiterons pas et, rétrécissant notre cercle de fer, nous vous laisserons mourir de faim. » Pendant la nuit, le roi de Prusse envoya l'ordre de traiter l'armée avec moins de rigueur et quelques-unes des conditions furent adoucies.

Le 27 octobre, deux proclamations revêtues des signatures de Bazaine et de Coffinières s'étalaient sur les murs de la ville. Elles annonçaient la capitulation.

Avec l'armée on livrait la ville, sans même chercher par une clause du traité à sauvegarder les intérêts des habitants; on abandonnait un matériel immense : 1,700 canons, 350,000 fusils. Ce n'était pas assez, l'ennemi tient à parer son triomphe de cet insigne d'honneur qui symbolise la patrie. Mais, quelque affaiblis qu'ils soient, pas un officier, pas un soldat n'eût consenti à ce déshonneur, pas un habitant de la ville n'eût acheté à ce prix quelque adoucissement au sort qui l'attendait. Il fallait donc user de ruse. « Les drapeaux des régiments, disait un ordre signé Bazaine, seront portés à l'arsenal et là ils seront brûlés. » A la même heure, un autre ordre, également signé Bazaine, ordonnait de réunir les drapeaux en lieu sûr pour les remettre à l'ennemi. Sur les 73 drapeaux de régiments qui se trouvaient à Metz, 46 purent figurer au château impérial de Berlin ([18]).

On aurait dû, selon les lois de l'honneur militaire, mettre hors d'usage ces fusils qui allaient servir contre la France, enclouer ces canons qui, quelques jours après, avaient raison de la résistance de Thionville, de Verdun, d'autres places encore, noyer les poudres, faire sauter les forts, mais le commandant en chef, perdu dans ses intrigues, substitua jusqu'à la fin ses vues personnelles aux sentiments de devoir et d'honneur.

S'il était permis de détourner un instant les yeux de toutes ces ignominies, nous redirions ici la noble conduite du général de Berckheim qui, malgré les ordres réitérés du commandant en chef, fit détruire les culasses mobiles des mitrailleuses, et prescrivit cette mesure par écrit pour en assumer toute la responsabilité; nous rappellerions les larmes de Ladmirault, les accès de rage du général Clinchant; la révolte du général Desvaux allant lui-même arracher de l'arsenal et brûler les drapeaux de la garde, la noble attitude des généraux Laveaucoupet, Lapasset, de quelques autres encore, nous voudrions surtout redire ces mille traits de dévouement, de sollicitude et d'abnégation de ces officiers de troupes qui, après avoir partagé les misères et les fatigues des soldats, ne cessèrent jusqu'au dernier moment de les entourer des soins les plus touchants.

Quand la capitulation fut connue à Metz, l'agitation fut extrême. On voulut s'y opposer, on chercha un chef, un lieu de réunion, mais la discipline militaire enchaînait tous les bras et d'ailleurs le commandant en chef avait trop bien pris ses mesures.

La veille de la reddition de la place, le maréchal s'enfuit furtivement du Ban-Saint-Martin. Les outrages qu'il dut subir à Ars et à Pont-à-Mousson, le mépris qu'affectèrent de lui témoigner les ennemis furent le commencement de l'expiation de son crime.

Qui pourra jamais dépeindre toute l'horreur de la fatale journée du 29 octobre 1870? Les rues des villages, toutes les routes encombrées d'armes, de sabres brisés, de fusils en morceaux, d'instruments de musique broyés, de paquets de cartouches jetés dans la boue. Des squelettes décharnés de chevaux, des voitures brisées sont abandonnés dans les champs. Les vignes foulées, les arbres dépouillés de leurs branches, la végétation en quelque sorte anéantie, encadrent ce tableau. Il tombe une pluie fine et serrée, le temps est froid et sombre.

A une heure, nos pauvres soldats, exténués par deux mois de privations et de misère, écrasés sous le poids de leurs tentes et de leurs couvertures mouillées, s'acheminent sous la conduite de leurs officiers vers les points où ils doivent être livrés aux Prussiens. Parfois un homme tombe, on le transporte dans la maison la plus voisine ; les colonnes laissent ainsi des traînées de malades et de mourants que les habitants des villages recueillent, entourent de soins dévoués, mais trop souvent inutiles. Arrivés à une certaine distance de la ville, les officiers se séparent de leurs soldats. Là ont lieu des adieux déchirants, des scènes de désespoir qui ne s'effaceront jamais du souvenir de ceux qui en ont été témoins ([19]).

Pendant que nos soldats défilent péniblement dans les champs boueux de la vallée, sur les hauteurs arrivent, musique en tête, les bataillons allemands. Ils entrent en colonnes serrées dans les forts. Ils prennent possession de la ville et viennent se réunir au pied de la statue voilée de crêpe d'un enfant de Metz, de Fabert, cet autre maréchal de France qui, pour empêcher l'ennemi de prendre une place dont la défense lui était confiée, était prêt, lui, à sacrifier sa personne, sa famille, tout ce qu'il possédait.

L'armée de Metz fut disséminée dans toute l'Allemagne ; elle succomba, livrée par celui qui avait mission de la défendre ([20]), victime des intrigues politiques de son chef.

Composée de soldats admirables, si cette magnifique armée avait eu à sa tête un homme d'honneur, elle eût, malgré son infériorité numérique, changé les destinées de la France.

NOTES

(¹) On lit dans le *Rapport sommaire sur les opérations de l'armée du Rhin*, par le maréchal Bazaine; Berlin 1870, Leonhard Siméon, p. 13 : « Un fait à signaler c'est qu'un petit nombre d'hommes... du pays... a obéi à l'appel de la mobilisation. » On peut répondre à cette accusation que le décret sur l'appel de la classe de 1870 n'ayant pas été publié dans le département de la Moselle, tous les hommes de cette classe qui se sont présentés aux bureaux militaires ont été renvoyés, les officiers de recrutement n'ayant pas d'ordre à leur sujet. On peut ajouter que le plus grand nombre contracta immédiatement un engagement volontaire, soit dans l'armée active, soit dans la garde mobile.

(²) « A la première nouvelle du passage des troupes prussiennes à Trèves, il a été prescrit à la garde de quitter Metz, puis de ne pas abandonner ses bivouacs, enfin elle a été dirigée ce matin (4 août) sur Volmerange; quelques heures après, on lui expédie l'ordre de rentrer à Metz, mais on le fait suivre d'une instruction nouvelle qui annule les précédentes et assigne à ce corps la position de Courcelles-Chaussy. » (Colonel Fay, *Journal d'un officier*, p. 42.)

Il en était de même en ce qui concernait les travaux de défense. Les forts avaient été commencés en 1868. En juillet 1870, les fossés étaient presque partout à profondeur, les revêtements à moitié terminés, les bastions à peine ébauchés. Rien n'était en état de défense, on ne voyait ni un canon, ni un gabion, ni une embrasure. Vers le 25 juillet, on fit partir les troupes occupées à la construction des forts. Pendant plusieurs jours, au fort de Plappeville, un capitaine et un garde du génie se trouvèrent être les seuls militaires chargés de la construction, de la mise en défense et de la garde du fort. Le 7 août, les forts de la rive gauche n'avaient encore aucune munition, mais à l'aide des habitants du village de Plappeville, le capitaine du génie Gillet était arrivé à établir des plates-formes, construire des embrasures et mettre en batterie 26 pièces de canon. Le 8 août, on envoya des troupes en si grand nombre que les casemates furent insuffisantes et que l'on dut faire camper les soldats sur les glacis. On n'envoya du reste ni vivres, ni chauffage et pour pouvoir subsister les hommes ravageaient le pays ou venaient de porte en porte demander ce qui leur était nécessaire. Le 10 et le 11 seulement, on leur envoya un peu de pain ; le 12, ils reçurent de la viande, mais pas de pain.

A Metz, tout marcha à peu près de même. Le 7 août, le général Coffinières est nommé commandant supérieur de la place. Le même jour, il fait appel au patriotisme des Messins pour former une garde nationale. En quelques heures 5,000 hommes se font inscrire. Des ambulances s'organisent dans toutes les maisons. Partout le patriotisme soulève les masses, anime tous les esprits, mais ces généreux efforts viennent se briser devant l'inertie d'hommes qui ne veulent rien voir, ni rien prévoir et qui, absorbés par les soins matériels et personnels de la journée renvoient à des agents sans mandat et sans responsabilité le soin de tout organiser.

Le 10 août, on annonçait que nul ne serait reçu dans la ville s'il n'apportait pour quarante jours de vivres, mais personne ne reçut la mission de faire exécuter cet ordre. Loin de là, en propageant un sentiment de terreur, qui malheureusement n'était pas sans fondement, on arriva à faire fuir un grand nombre de villageois qui se jetèrent dans la ville avec ce qu'ils purent emporter de plus précieux.

(³) C'est à l'initiative de deux agents de la Compagnie du chemin de l'Est : MM. Guntz, chef de dépôt à Forbach, et Gambarrau, chef de traction, que l'on dut la conservation de ces immenses approvisionnements.

(⁴) Le maire de Saint-Julien-lès-Gorze apportant au général Frossard des renseignements de la plus haute importance fut traité de peureux et fort mal reçu. On accueillit de la même manière, au grand quartier général, les observations envoyées de Thionville sur la formation d'un corps d'armée dans les environs de Trèves.

(⁵) Le maréchal Bazaine a tout intérêt pour s'excuser à avancer l'heure de la bataille; aussi dans son rapport annonce-t-il le commencement de l'attaque à 2 heures. Le colonel Fay (*Journal d'un officier de l'armée du Rhin*) fixe l'attaque à 4 heures. Le général Grenier (*Défense de l'armée*) indique la même heure, ainsi qu'un officier du génie du 3ᵉ corps (*Trois Mois à l'armée de Metz*). Un officier du 3ᵉ grenadiers de la garde (*Souvenir d'un prisonnier de guerre*) indique même 5 heures.

(⁶) « Si le maréchal Bazaine était dans l'intention d'abandonner Metz, il ne devait pas accepter le combat sur la rive gauche de la Moselle..., ou il devait l'engager avec toutes ses troupes. La journée du 14 était une faute de la part des Français. » (Général von Zastrow, *Opérations militaires autour de Metz.*)

(⁷) Pendant le désordre causé par cette canonnade, on jugea à propos de faire sauter le pont du chemin de fer placé à l'entrée de Longeville, à 300 mètres du fort Saint-Quentin. Pendant ce temps, les troupes allemandes traversaient la Moselle sans être inquiétées sur les ponts d'Ars, de Novéant et de Pont-à-Mousson. Ces ponts étaient minés. De nombreuses dépêches furent envoyées par des maires et par des officiers de francs-tireurs pour annoncer la marche de l'ennemi et solliciter l'ordre de faire sauter les ponts. On leur répondit de n'en rien faire et de se mêler de ce qui les regardait. Déjà à ce moment, tout révèle l'intention du maréchal de se faire bloquer dans Metz, une fois débarrassé de l'empereur.

(⁸) A midi, le général Bataille fut grièvement blessé, sa division faiblit un instant. Deux régiments de cavalerie reçurent l'ordre de charger. Les lanciers de la garde, placés à une trop grande distance, furent refoulés avant d'avoir pu aborder les lignes ennemies. Quant aux cuirassiers de la garde, ce magnifique régiment chargea sur trois lignes, son colonel en tête, ses officiers en avant des rangs avec le sang-froid, la régularité et la précision qu'ils auraient pu apporter sur un champ de manœuvre. Ces soldats héroïques furent décimés, mais permirent de mettre en position des batteries qui maintinrent l'ennemi et l'empêchèrent de se porter en avant. Une vigoureuse canonnade s'engagea entre les deux armées. Le colonel commandant l'artillerie du 6ᵉ corps qui, de son propre mouvement, au début de la bataille, avait pris position le long de la voie romaine d'où il faisait, au dire du rapport officiel de l'état-major allemand, le plus grand mal à l'ennemi, déclare n'avoir pas vu, pendant cette longue bataille, un seul officier d'état-major et n'avoir reçu ni ordre, ni le moindre renseignement. (Colonel de Montluisant, *Armée du Rhin*.)

Quelques heures plus tard, le maréchal Bazaine voulut placer lui-même une batterie de la garde, mais cette batterie trop avancée, sans soutien, fut tout à coup envahie par des hussards prussiens qui culbutèrent le maréchal et son escorte. Dans son rapport, le commandant en chef semble priser très-haut ce singulier exploit du grand état-major général d'une armée.

Plusieurs charges de cavalerie se succédèrent. Dans l'une d'elles, le général Legrand, commandant l'artillerie du 4e corps, fut tué ainsi que le général en chef de la cavalerie allemande, prince Albert de Prusse. Il y eut de regrettables méprises par suite de la ressemblance des uniformes des deux armées.

L'ennemi revenant avec acharnement et avec de nouvelles forces pour enlever la position de Rezonville, la garde se mit en ligne. Cinquante-quatre canons massés par le général Bourbaki désorganisèrent complétement les troupes d'attaque.

([9]) Le 29 octobre 1870, un général prussien venant prendre possession des forts de la rive gauche, abordait un général français et après les compliments les plus sommaires : « Pourquoi donc, lui dit-il, n'avez-vous pas marché le 17 août ? c'est pour nous tous, une énigme insoluble. »

([10]) Dans la matinée du 18 août, le chef d'état-major général de l'armée fit demander un guide connaissant les forêts des environs. On indiqua un agent de l'administration forestière qui vingt fois avait offert ses services et que l'on employait à monter la garde aux portes de la ville avec les douaniers, au lieu d'utiliser les services de ces agents pour guider et éclairer les colonnes.

([11]) Dans un ouvrage intitulé : *la France envahie*, M. Claretie accuse le maréchal d'avoir passé la journée à jouer au billard avec le maire de Plappeville. On peut répondre à cet ingénieux auteur qu'il n'existait pas un seul billard dans tout le village et que le maire, qui a fait deux fois une apparition de dix minutes au quartier général pour s'occuper des approvisionnements, a passé sa journée à guider des officiers, à dégager des chemins obstrués par les bagages et les convois et à disposer des emplacements pour recevoir les blessés. A minuit, il était encore en route, ramenant un convoi de neuf voitures de farine abandonné par les charretiers sur les hauteurs de Saulny.

(¹²) Déjà semblable fait avait eu lieu pour les approvisionnements du 2ᵉ corps à Saint-Avold.

Pendant la journée du 18, M. Beneyton, chef de station intérimaire au chemin de fer de l'Est, vint prévenir le maréchal Bazaine qu'une grande quantité de vivres et de munitions était agglomérée dans les gares de Metz, Montigny et Devant-les-Ponts. Le maréchal parut vivement surpris et se plaignit hautement de ce qu'on lui avait affirmé qu'il n'y avait absolument rien dans ces gares.

Tous les vivres, toutes les munitions envoyés à la suite de l'armée avaient été, ainsi que nous l'avons dit plus haut, ramenés à Metz. Comme en haut lieu on n'avait donné aucun ordre, on s'était imaginé que ces convois étaient tombés entre les mains de l'ennemi Il y avait là quelques milliers de wagons contenant de la farine, des vivres et quatre millions de cartouches.

(¹³) L'arrondissement de Metz contient 223 communes. Il fournit, année moyenne, 565,000 hectolitres de céréales, 700,000 quintaux de paille et 370,000 quintaux de foin. Metz étant à peu près au centre de l'arrondissement et les points extrêmes ne se trouvant à guère plus de 30 kilomètres de la ville, on peut estimer que la plus grande partie de ces ressources eût pu être amenée dans le camp retranché.

Du 20 au 30 août, on voyait du fort de Plappeville l'ennemi enlever les approvisionnements jusque sous le feu des forts, sans être inquiété. (Les Maxes, 3,000 mètres du fort Saint-Julien et 6,300 du fort de Plappeville; Bellevue, 5,000 mètres; Saulny, 2,800 mètres du fort de Plappeville, etc.)

Ce n'est que le 27 septembre que l'on voulut permettre quelques opérations destinées à recueillir les denrées de localités situées dans le rayon de la place ; l'armée allemande y répondit par les incendies de Mercy, Peltre, Colombey, les

Maxes, Franclonchamps, les Tappes, Saint-Remy, etc. Le 20 octobre, on dirigeait une opération sur les granges vides de Sainte-Agathe à 4,000 mètres du fort de Plappeville ; l'ennemi y répondait en incendiant Bellevue.

Pendant tout un mois, le camp prussien d'Olgy-Malroy resta à 4,100 mètres sous le feu du fort Saint-Julien sans être inquiété. Ce camp, ainsi que les villages de Maizières (8,800 mètres du fort de Plappeville), Hauconcourt (10,000 mètres du même fort), Ars (6,000 mètres du Saint-Quentin), Saint-Ladre et Sainte-Barbe (6,000 mètres du Saint-Julien), n'ont cessé de contenir pendant tout le temps du blocus d'énormes approvisionnements amenés de tous côtés par les Prussiens.

Si, dès le commencement on avait rationné à 500 grammes, surveillé le gaspillage qui était énorme et supprimé les distributions de blé aux chevaux, on pouvait trouver dans les magasins de la ville et de l'armée 127,300 quintaux qui, à 780 quintaux par jour, permettaient, de tenir 163 jours avec l'armée et plus d'un an avec la garnison de la ville.

([14]) « Nous pensons que le maréchal n'avait point l'intention de rompre la ligne d'investissement de l'ennemi et qu'il ne se souciait aucunement de livrer bataille. Mais, contraint par les impatiences de l'armée de sortir de son immobilité, sentant d'ailleurs l'obligation de manifester son désir de concourir aux opérations du maréchal Mac-Mahon, il crut qu'il lui suffirait, pour donner satisfaction à ces nécessités, de déployer ses troupes, de feindre la volonté d'attirer de son côté le gros des forces de l'ennemi et de ne s'engager que tout autant qu'il faudrait pour ne rien compromettre. »

Gal DELIGNY. (*Armée de Metz.*)

([15]) Pendant l'action, trois compagnies du 9e bataillon de chasseurs eurent ordre de surveiller l'ennemi sur la rive droite de la Moselle. Ces compagnies ne rencontrant que de faibles détachements les poursuivirent fort loin. Si on eût envoyé une brigade de cavalerie, il eût été facile de s'emparer du camp et des approvisionnements considérables de Malroy, de faire passer la Moselle aux convois pour les mettre en sûreté à Woippy sous le feu des forts et de détruire les ponts qui furent si utiles à l'armée ennemie, pendant toute la durée du siége.

(¹⁶) A la suite de ces combats, le mot d'ordre donné par le grand quartier général est celui-ci : « Le rôle de l'armée est fini, c'est aux paysans à se former en petites bandes, à couper les convois, à empêcher les ravitaillements. Voyez ce que nous avons perdu de monde pour un combat qui n'a abouti qu'à faire brûler vos villages. » On semblait nous dire que ces opérations n'étaient qu'une satisfaction donnée à l'opinion publique et l'on nous rendait presque responsables des blessures de nos soldats et des cruautés de l'ennemi.

(¹⁷) On put se rendre facilement compte après le blocus de la valeur des assertions du plan minutieusement fabriqué par le maréchal. En beaucoup d'endroits on aurait pu voir ce que l'on trouva le 27 septembre à Ladonchamps, des tuyaux de poêle simulant des canons avec des avant-trains de charrue comme affûts.

(¹⁸) Vingt-sept régiments ont sauvé ou brûlé leurs drapeaux. Ce sont les zouaves, le 1ᵉʳ grenadiers et les 4 régiments de voltigeurs de la garde, dont le général Desvaux brûla lui-même les drapeaux dans la cour de l'arsenal ; les 2ᵉ, 24ᵉ, 40ᵉ et 63ᵉ de ligne de la division Laveaucoupet ; le 84ᵉ et le 97ᵉ de la brigade Lapasset; le 6ᵉ et le 57ᵉ de la division de Cissey ; le 53ᵉ, le 64ᵉ et le 71ᵉ ; le drapeau du régiment du génie et celui du 17ᵉ régiment d'artillerie qui étaient à Metz avant la guerre et les étendards de huit régiments de cavalerie.

(¹⁹) Lettre d'un artilleur de la 12ᵉ batterie du 1ᵉʳ régiment :

« Le 4ᵉ corps a été livré derrière le fort de Plappeville, par un temps effroyable. Les Prussiens nous conduisent sur le champ de bataille du 18 août. En arrivant, on nous met dans un tas comme un troupeau, il faisait nuit et nous demandions ce qu'on allait faire de nous ; ils nous font coucher dans la boue, il pleut toute la nuit ; nous la passons, assis sur nos sacs, sans feu et sans pain, car nous n'avions pas reçu de vivres depuis l'avant-veille et nous n'en avons eu que le 30 à midi, où on nous a donné un peu de pain et de la viande salée toute crue. Il nous était impossible d'aller chercher du bois pour la faire cuire, car les sentinelles qui nous gardaient, brutalisaient ceux qui voulaient s'écarter.

« Le 30, il pleut toute la journée ; le soir, vers quatre heures, on nous annonce que nous coucherons au même endroit. Le 31, nous partons à huit heures du matin, il y avait une cinquantaine d'hommes morts de froid, de faim et de misère, et le long de la route, il en tombe à chaque instant. Enfin, qui ne nous a pas vu, ne peut se figurer ce que nous avons souffert dans ce trajet.

« Nous passons par Semécourt; là, pendant une halte, je fus obligé de couper mes bottes pour continuer ma route. Nous étions assis sur un petit banc avec deux camarades, pleurant tous trois, en nous demandant ce que nous pouvions avoir fait pour que l'on nous fît tant souffrir.

« Les sentinelles nous forcèrent à marcher, mes souffrances furent énormes en me remettant en route ; la boue entrait dans mes bottes et les blessures que j'avais aux pieds saignaient cruellement.

« Arrivés à Maizières, les habitants pleuraient en nous voyant. On nous conduit dans les champs à 1 kilomètre de là, où nous passons la troisième nuit dans la boue et à la pluie, grelottants et épuisés de fatigue. Nous passons ainsi la journée de la Toussaint. Un habitant me donna une paire de sabots qui me permit de marcher sans trop souffrir.

« Le 2, nous arrivons à Malroy, à l'endroit où était le camp prussien pendant le blocus ; nous campons dans leurs gourbis. Le 3, nous allons jusqu'au petit marais sur la route de Boulay ; nous étions dans la boue, mais nous avions le temps de creuser des trous et on nous laissa monter nos tentes ; nous y sommes restés jusqu'au 8.

« Le 8, nous sommes venus camper derrière le village des Étangs, près d'un bois où étaient enterrés beaucoup de Prussiens tués le 14 août, à Borny. Le 9, nous allons camper à Boulay, juste au même endroit où nous avions campé au commencement de la guerre. Les habitants harcelés par les troupes ennemies nous y ont fait froid accueil, nous avons touché des vivres pour deux jours et nous sommes partis le 10, pour Sarrelouis. Là, nous avons couché à trois kilomètres de la ville, dans un cimetière.

« Le 11, on nous a fait prendre le chemin de fer jusqu'à Trèves, en parcourant un pays magnifique. Arrivés à Trèves, il a fallu faire trois lieues à pied jusqu'à Heisbronn, où on nous fit coucher dans les maisons du village. Depuis le 19 juillet, c'était la première fois que je couchais sous un toit. Nous étions, sur la paille, cent cinquante dans une tannerie.

« Le 12, il y avait beaucoup de neige, il faisait un temps effroyable. J'ai employé tout l'argent que ma pauvre mère m'avait donné à acheter une paire de bottes. Nous avons fait 40 kilomètres à pied et sommes arrivés à Nestein, où nous avons logé chez une pauvre veuve qui a eu bien soin de nous.

« Le 14, nous nous sommes remis en route à travers un pays très-montueux et boisé, et nous avons couché dans un grand village où il n'y avait jamais eu de troupes ; on nous y reçut très-bien ; je crois qu'on appelle cet endroit Manderscheidt.

« Le 15, nous repartons ; il neige toute la journée ; à Gérolstein, nous prenons le chemin de fer, nous passons à Cologne, Dusseldorf, Wolfenbuttel, Berlin, Brunswick, Francfort, Guhens, où les habitants nous reçurent de la façon la plus agréable, Breslau et Frankenstein où nous arrivons le 19. Là, on nous compte, de 3.000 que nous étions partis, nous sommes arrivés 1,200. Le reste était resté en route, hors d'état de poursuivre leur chemin ; plus de 400 étaient morts de fatigue et de privations.

« Trois jours et quatre nuits de chemin de fer nous avaient complétement épuisés, on nous fait monter sur des chariots et nous arrivons à Glatz, où doit se passer notre triste captivité. Logés dans des casemates obscures avec des prisonniers de Sedan et de Strasbourg, nous sommes à peine nourris. Le matin, une espèce de bouillie à l'eau et du suif de mouton avec de la farine de seigle ; à midi, un plat de légumes secs ; le soir, même plat que le matin, sauf que la farine de seigle est remplacée par de la farine de féveroles. Avec cela, une livre de pain, couleur de terre, par jour. Il fait très-froid et il faut aller au travail tous les jours. Je n'avais jamais cru qu'étant prisonnier de guerre, on vous fît autant souffrir. »

[20] « Les batailles de Borny, de Rezonville et d'Amanvillers n'ont été pour nous que des rencontres de hasard où l'imprévu a tout réglé et dont la valeur et le sang des soldats ont fait presque tous les frais. — De direction générale, au-

cune, de mouvements coordonnés, aucun, de but précis, aucun. — Que le maréchal ait fait tout ce qu'il eût dû faire, ce qui était commandé par le devoir, non, cent fois non, il ne l'a pas fait. »

Gal DELIGNY. (*Garde impériale.*)

« Moi, qui commandais 10,500 hommes, j'ai toujours combattu droit devant moi, sans jamais connaître l'objectif. — Le maréchal Bazaine n'a fait preuve que d'incapacité et de déloyauté. »

Gal GRENIER. (*4e corps.*)

« Le commandement a toujours été sans plan de campagne, sans prévisions, sans portée et sans but. — Maréchal Bazaine, vous n'avez su ni commander, ni servir la patrie, ni mourir. »

C^{el} DE MONTLUISANT. (*Artillerie, 6e corps.*)

« On ne voit pas que l'on ait eu un but militaire et qu'on l'ait jamais poursuivi. »

C^{el} FAY. (*État-Major, grand quartier général.*)

« Le général en chef était séparé de l'armée qui ne le voyait jamais... ; il avait perdu de bonne heure sa confiance et son estime. »

C^{el} DE VILLENOISY. (*Génie.*)

« 18 août. — Quoi d'étonnant que la victoire soit restée à l'ennemi, malgré l'héroïque bravoure de nos soldats qu'on a laissés toute une journée sans ordres, sans direction, sans munitions, sans secours!.... Dans ce combat où l'ennemi avait mis en ligne près des deux tiers des forces avec lesquelles il avait envahi la France, la réserve générale de l'artillerie fut laissée dans son camp à plus de 6 kilomètres, la cavalerie de la garde ne monta pas à cheval, la grosse cavalerie resta à Longeville et quant à l'infanterie de la garde, elle resta sans ordres jusqu'à 6 heures, à plus d'une lieue du champ de bataille.... Ces faits suffisent à eux seuls pour expliquer l'issue fatale de cette journée dont les conséquences devaient amener Sedan, la capitulation de Metz et tous les désastres qui sont venus tomber depuis sur notre malheureux pays. »

C^{el} D'ANDLAU. (*État-major général.*)

« Voilà où nous a conduits la fourberie du chef que nous avait donné l'empereur. »

Gal BISSON. (2e corps.)

« L'œuvre en est donc laissée à celui-là seul qui en a été l'artisan principal et à qui elle appartient, au général en chef, à Bazaine, à qui est réservé tout entier le triste rôle de livrer l'armée qu'il n'a pas voulu conduire au combat et la malheureuse ville où il a trouvé un refuge et dont il a ainsi entraîné le perte. »

(Conseil municipal de Metz.)

« Le Conseil est d'avis que le maréchal Bazaine a causé la perte d'une armée de 150,000 hommes et de la place de Metz, que la responsabilité lui en incombe tout entière. »

(M^{al} BARAGUEY-D'HILLIERS.)

« Le résultat final de ces combinaisons qui ont amené la perte de l'armée et l'humiliation du pays, montre où peut conduire l'oubli des règles les plus élémentaires du devoir militaire, qui ordonne à tout général de ne songer qu'à combattre l'ennemi, sans se laisser jamais détourner par des considérations politiques ou personnelles. »

(G^{al} DE RIVIÈRES.)

« Au lieu d'élever son cœur et ses résolutions au niveau du péril, il trouve moins hasardeux de temporiser et d'attendre les circonstances pour en tirer parti.... Bientôt il s'engage dans des intrigues politiques que son devoir comme son honneur lui prescrivaient de repousser.

« Ainsi finit, par suite des calculs égoïstes et des coupables intrigues de son général en chef, cette nombreuse et vaillante armée de Metz qui entraîna dans son désastre les destinées de la patrie. »

(Gal POURCET.)

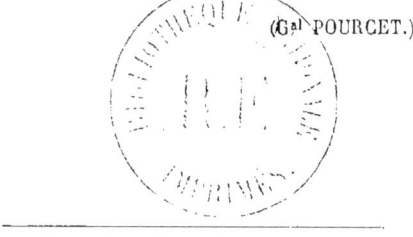

Nancy, imp. Berger-Levrault et Cie.

www.ingramcontent.com/pod-product-compliance
Lightning Source LLC
Chambersburg PA
CBHW060956050426
42453CB00009B/1198